![Barcode AF203844]

1 | Fahnenmonument

Landgericht

Parken im Parkhaus am Hansering

Das Fahnenmonument am Hansering (vor dem Aufgang zum schönen Stadtpark) ist Ausgangspunkt des Rundgangs und ist auch vom Hauptbahnhof zu Fuß durch die Leipziger Straße in weniger als zehn Minuten erreichbar.

Das 24 Meter hohe Monument, eine feuerrote Fahne aus Stahlbeton, »Flamme der Revolution« genannt, wurde 1967 zum 50. Jahrestag der russischen Oktoberrevolution errichtet. Einst stand an dieser Stelle ein gewaltiges Kaiser-Wilhelm-Denkmal. Da sich auf dem Platz um die Fahne im Herbst 1989 Bürgerrechtler und Anhänger der demokratischen Bewegung versammelten, wurde das Monument nicht abgerissen, sondern »umgewidmet«. Mittlerweile ist das flammende Rot einer anderen Farbgebung gewichen.

Gegenüber steht das Gebäude des Landgerichts (Hansering 13–17), ein Monumentalbau mit zwei Ecktürmen. Es wurde 1901–1905 im Stil der Neogotik bzw. Neorenaissance errichtet; an den Erkern schmücken Porträts berühmter Rechtsgelehrter die Fassade. Wenn geöffnet, sollte man sich das großartige Treppenhaus ansehen.

2 | Rathausstraße

Rechts vorbei am Justizgebäude gelangt man in die Rathausstraße. Hier wohnten bis zum 18. Jahrhundert die Professoren der Universität. Bei dem letzten alliierten Luftangriff kurz vor Kriegsende, am 31. März 1945, wurden viele Häuser in dieser traditionsreichen Straße zerstört; in den letzten Jahren konnte die Straße mit viel Liebe zum Detail wieder hergerichtet werden.

Auf der rechten Straßenseite befindet sich in einem alten Haus (Nr. 7) die »Weinstube«. Am Nebengebäude (Nr. 5/6) fällt ein verzierter barocker Erker auf. Das Haus wurde 1914–1916 im Stil alter Hallescher Patrizierhäuser für die Stadtsparkasse gebaut. Der Erker stammt von einem 1900 abgerissenen Gebäude.

Das spätbarocke Gebäude (Nr. 14) auf der linken Seite beherbergt die Hotel-Pension »Am Ratshof«. Die Inschrift von 1718 bezeichnet den Umbau; das Haus ist wesentlich älter. Das Nebenhaus (Nr. 15) ist das Jenaische Fräuleinstift. Das um 1580 erbaute Renaissancegebäude gehörte dem Kanzler der Universität, Gottfried von Jena (1624–1703), der es zum Sitz für unverheiratete adlige Damen bestimmte; es bestand bis 1962. In der Rathausstraße 1 (1882/83) befindet sich seit 1933 das Stadtarchiv.

3 | Marktplatz

Am Ausgang der Rathausstraße, hinter dem Ratshof, öffnet sich der Marktplatz mit den fünf Türmen als Wahrzeichen der Stadt – dem Roten Turm und den vier Türmen der Marktkirche. Er ist das Zentrum der Altstadt und gehört zu den schönsten Plätzen Mitteldeutschlands.

Als Wiprecht von Groitzsch (gest. 1124) zu Beginn des 12. Jahrhunderts eine Erweiterung der bestehenden Stadtsiedlung Halle um etwa das Fünffache veranlasste, entstand als Mittelpunkt dieser neue große Marktplatz, in den heute zwölf Straßen münden. Die Chroniken berichten schon im Jahr 1128 von lebhaftem Handel und großem Warenumschlag auf diesem Markt. Zum Schutz der Stadt war ein stellenweise dreifacher Mauerring mit etwa 40 Wehrtürmen gebaut worden.

Ende des 15. Jahrhunderts wurden die mittelalterlichen Buden, Gewandhäuser, Werkstätten und Scharrengebäude (Gebäude für den Verkauf von Waren) abgerissen und durch Neubauten ersetzt, als deren wichtigster der Rote Turm anzusehen ist. Die beiden romanischen Kirchen St. Marien und St. Gertruden wurden auf Veranlassung von Kardinal Albrecht zu einer viertürmigen Hallenkirche, der Marktkirche, umgebaut.

Löwenapotheke

3

4 | Ratshof oder Neues Rathaus

Der Ratshof mit dem gewaltigen Eckturm an der Ostseite des Marktes wurde 1928/30 im Bauhaus-Stil als Verwaltungsgebäude hinter dem eigentlichen Rathaus erbaut. Seit der Zerstörung des Rathauses im Zweiten Weltkrieg steht er frei und hat die Funktion des Rathauses übernommen. Die interessante Bauplastik der Zeit, fünf über zwei Meter hohe Figuren an der rechten Ecke, ist sehenswert. Die Männer und Frauen symbolisieren den Handel, den Bergbau, die Industrie, die Schönheit und die Natur. Bei der Rekonstruktion Anfang der 1990er Jahre konnten wesentliche Elemente des Originalbaues erhalten werden.

5 | Stadthaus

Das an der Südseite des Marktes (Nr. 2, Ecke Schmeerstraße) gelegene Sitzungsgebäude des Stadtparlaments wurde 1891–1894 im Stil der Neogotik und Neorenaissance auf den Gewölben des alten Ratskellers erbaut, als der Platz im Rathaus nicht mehr ausreichte. Der an die Bautradition Halles anknüpfende dreigeschossige Bau repräsentierte die Stadt mit seiner prunkvollen Ausstat-

Plastik des zerstörten Alten Rathauses (2001)

tung, dem Treppenhaus, einem tonnengewölbten reich dekorierten Saal und vertäfelten Sitzungssälen.

Die Fenster des großen Saals wurden nach dem Zweiten Weltkrieg mit Glasmalereien von Charles Crodel erneuert. Über dem Portal prangt das Stadtwappen (1892). Warum das Türmchen auf dem Gebäude so schief ist, ist nicht geklärt. Im Saal tagt heute wieder das Stadtparlament; ein Hochzeitszimmer steht für Trauungen zur Verfügung. Außerdem befinden sich im Stadthaus ein Restaurant im Keller und ein Café im Erdgeschoss. Das benachbarte Kaufhaus wurde 1929 im Stil der Neuen Sachlichkeit erbaut.

6 | Händeldenkmal

Seit 1859 stützt sich der Komponist Georg Friedrich Händel, der wohl berühmteste Sohn der Stadt, auf sein Dirigentenpult, auf dem die Partitur des »Messias« liegt, des Oratoriums, das seinen Weltruhm begründete. 1855 hatte sich ein Verein zum Bau eines Händeldenkmals gegründet, dessen Bemühungen in ganz Deutschland unterstützt wurden. Der Berliner Bildhauer Hermann Heidel wurde mit der Ausführung beauftragt, und zu

Roland
Männliches Stand-
bild mit Rüstung und
Schwert (Richtschwert);
mittelalterliches Symbol
städtischer Freiheit,
Eigenständigkeit und Ge-
richtshoheit. Die steinerne
Rolandsfigur am Fuße des
Roten Turms ist die einzige
unter den deutschen
Rolandsfiguren ohne
Rüstung, in »zivil« also.
Seit Mitte des 12. Jahr-
hunderts ist in Halle eine
hölzerne Rolands-Figur
nachweisbar. Die heute
zu sehende Figur ist eine
Kopie (1854) der 1719 vom
Halleschen Bildhauer
J. G. Bürger geschaffenen
Buntsandstein-Figur. Sie
wurde 2006 umfassend
restauriert.

Händels 100. Todestag am 1. Juli 1859 konnte das Denkmal am Marktplatz eingeweiht werden. Die Figur aus
Eisenguss ist ca. 3,20 Meter hoch; Händel schaut in Richtung England, wo er einen Großteil seines Lebens verbrachte. Wenn man sich in Halle verabredet, trifft man
sich seit eh und je »am Händel«.

7 | Roter Turm

Vom 81 Meter hohen, freistehenden Glockenturm, erbaut
1418–1506, ist die Turmknopfurkunde vom 24. Juli 1506
vorhanden, die ihn ein Werk, geschaffen »zum Preise
der berühmten Stadt Halle und der Region«, nennt. An
seiner Spitze sind 246 Stacheln zur Abwehr böser Geister
angebracht. Ein Umbau im neogotischen Stil erfolgte im
19. Jahrhundert. Im Krieg teilweise zerstört, stellte eine
umfassende Restaurierung 2006–2009 den ursprüng-
lichen Zustand weitgehend wieder her. Seinen Namen
hat der Turm vermutlich von dem einst zu seinen Füßen
abgehaltenen Blutgericht; der Roland als Symbol der Ge-
richtsbarkeit stand schon ab etwa 1547 an dieser Stelle.
Zwischen 8 und 22 Uhr ist das größte Glockenspiel Europas zu hören (76 Bronzeglocken mit einem Gesamtge-
wicht von 86 Tonnen). Zu jeder vollen Stunde erklingen
Melodien, die jedes Kind kennt, z. B. »An der Saale hellem
Strande«, »Am Brunnen vor dem Tore« oder »O Tannen-
baum«.

8 | Marktkirche Unser Lieben Frauen

Marktkirche Jan.–März: Mo–Sa 11.30–16 Uhr,
So 11.30–12.30 Uhr; Apr.–Dez.: Mo–Sa 10–17 Uhr,
So 15–17 Uhr; **Hausmannstürme** Führungen Mo–Sa
14/15/16 Uhr, So 12/13 Uhr, Apr.–Okt.: Sa/So Besichtigung
10–15 Uhr, Tickets bei Tourist-Information

»Eine Kirche, in der Luther dreimal predigte, Georg
Friedrich Händel getauft wurde und deren große Orgel
Johann Sebastian Bach einweihte, finden Sie auf der gan-
zen Welt nicht wieder.« (Prof. Oskar Rebling, Organist an
der Marktkirche 1919–1967)

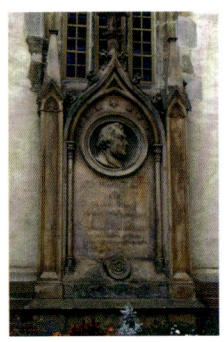

Martin Luther

1483–1546, Theologe und Reformator. Mit seinen 95 Thesen protestierte Luther 1517 gegen den Ablass, wie er besonders von Kardinal Albrecht von Brandenburg praktiziert wurde, und zog die Unfehlbarkeit des Papstes und die Irrtumslosigkeit der Kirche in Zweifel. Exkommuniziert und mit der päpstlichen Bulle und der Reichsacht belegt, floh er auf die Wartburg und übersetzte dort das Neue Testament ins Deutsche. Als 1541 auch in Halle die neue Lehre Einzug hielt, musste Kardinal Albrecht die Stadt verlassen. 1545 hielt Luther seine erste Predigt in Halle in der Marktkirche. Nach seinem Tod in Eisleben 1546 wurde sein Leichnam auf dem Weg nach Wittenberg eine Nacht in der Sakristei der Marktkirche aufgebahrt.

1529/30 wurden die romanischen Basiliken St. Gertruden und St. Marien auf Geheiß von Kardinal Albrecht abgerissen. Zwischen den stehen gebliebenen Türmen (Blaue Türme und Hausmannstürme) wurde bis 1554 eine große dreischiffige Hallenkirche errichtet. Baumeister waren Caspar Kraft und Nickel Hoffmann. Die beiden westlichen Türme werden wegen ihrer Schiefereindeckung »blaue Spitzen« genannt.

Die spätgotische Hallenkirche mit Elementen der Renaissance bezeichnet den Höhepunkt der sakralen Baukunst in Halle. Dass die Kirche erst in reformatorischer Zeit vollendet wurde, zeigen der fehlende Chor und die ganz im lutherischen Sinn im Mittelpunkt stehende Kanzel (nach 1500); die dort eingeschlagene Jahreszahl 1541 erinnert an die Einführung der Reformation in Halle. Der schöne Schalldeckel wurde 1596 angefertigt. Weitere sehenswerte Ausstattungsstücke sind das bronzene Taufbecken von 1430 und das Monumentalgemälde von 1593 über der Ostempore, die Apostelgeschichte darstellend. Der Flügelaltar von 1529 aus der Werkstatt des Cranach-Schülers Simon Franck ist noch ein Auftragswerk Kardinal Albrechts; er zeigt den Kardinal neben der Muttergottes.

Georg Friedrich Händel wurde nicht nur am 24. Februar 1685 in der Marienkirche getauft, er lernte zudem auf der kleinen Orgel von 1663/64 (Westempore) das Orgelspiel. Auch Johann Sebastian Bachs Name ist mit der Marktkirche verbunden. Nachdem er sich 1713/14 erfolglos für das Amt des Organisten beworben hatte, gab er 1716 ein Gutachten über die neue Orgel (Ostempore) ab. Hinter ihrem barocken Orgelprospekt erklingt seit 1984 ein Orgelwerk der Firma Schuke. Bachs Sohn Wilhelm Friedemann übernahm später (1746–1764) das Amt, das einst der Vater angestrebt hatte.

Dreimal predigte Martin Luther in den Jahren 1545/46 in der Marktkirche. In einem separaten Raum werden hier seine Totenmaske und eine Wachsabformung seiner Hände ausgestellt. Seit 1883 steht außen zwischen den Hausmannstürmen ein Gedenkstein für Luther.

Auf den annähernd 56 Meter hohen Hausmannstürmen lebten einst die Türmer (Hausmänner) mit ihren Familien und meldeten Feuer und Gefahr. Von dort oben hat man einen unvergleichlichen Blick über die Stadt.

9 | Marktschlösschen

Tourist-Information Mai–Okt.: Mo–Fr 9.30–18 Uhr,
Sa 10–16 Uhr, So 11–15 Uhr; Nov.–Apr.: Mo–Fr 9.30–18 Uhr,
Sa 10–15 Uhr; Tel. 0345 1 22 99 84, www.halle-tourismus.de

Um die Marktkirche herum zurück in Richtung Marktplatz gelangt man zum Marktschlösschen (Markt 13).
Das Patrizierhaus aus dem späten 16. Jahrhundert, erbaut am Übergang von der Renaissance zum Barock,
wurde jahrhundertelang von wohlhabenden Halleschen
Bürgern, den Salzgrafen, bewohnt. Umbauten verliehen
ihm den Charakter eines »Schlösschens«. Heute ist das
Marktschlösschen Anlaufpunkt für Touristen, denn hier
befindet sich neben der Tourist-Information auch das
»Halloren-Café«, eine der exklusiven Verkaufsstellen von
Halloren, der ältesten Schokoladenfabrik in Deutschland (gegr. 1804). Im Hof sind noch Zwerchgiebel und
der steile Treppenturm mit hohem Wendelstein mit
Schweifhaube zu bewundern.

    Einige Häuser weiter befindet sich die Marktapotheke
(Markt 17), ehemals Apotheke »Zum blauen Hirsch«. 1536
vom Leibarzt Kardinal Albrechts, Nicolaus von Wiehe, errichtet, ist sie die älteste der Stadt.

10 | Graseweghaus

Rechts am Marktschlösschen vorbei tritt man in die Große Klausstraße, benannt nach dem Heiligen Nikolaus,
dem Schutzpatron der Salzquellen. Das Haus Nr. 3 (links)
konnte in den letzten Jahren gerade noch vor dem Verfall
gerettet werden. Das Graseweghaus (Nr. 6) ist ein von
einer Bürgerinitiative 1984/85 vor dem Abriss geretteter
Fachwerkbau aus dem 16. Jahrhundert, der wohl schönste
der Stadt. Er steht in krassem Kontrast zu den Plattenbau-
ten, die Mitte der 1980er Jahre das völlig verfallene Viertel
nach dessen Abriss ersetzten. Das Erdgeschoss ist massiv
aus Stein gebaut, die beiden oberen Geschosse dienten Wohnzwecken, unter dem hohen Spitzgiebel lagen
die Kammern. Es gehört zu den letzten Zeugnissen der
einstmals in Halle verbreiteten niedersächsischen Fach-
werkarchitektur. Heute ist es saniert – im Grunde aber ein
Neubau mit originalen Fassadenteilen aus dem Jahr 1524.

In der Sage vom Graseweghaus heißt es: In der Gegend
brach um 1450 eine Pestepidemie aus. Um die Stadt davor zu schützen, wurde eine Mauer an beiden Enden der
Straße gebaut, ungeachtet des Klagens und Jammerns
der eingemauerten Bewohner. Dadurch wurde die übri-
ge Stadt von der Pest verschont. Nach einigen Jahren riss
man die Mauern nieder und fand alles mit hohem Gras
überwuchert, ein einziges Haus stand noch. Seither haben der Graseweg und das Haus ihre Namen.

**Christian Andreas
Käsebier**

1710 – nach 1757, Räuber.
Der Sohn eines Schneiders
aus der Fleischergasse
(heute Mittelstraße 17, das
Haus von 1545 steht noch)
war Halles Meisterdieb
und einer der bekannte-
ten Räuber des 18. Jahr-
hunderts in Deutschland.
Mit List, Waghalsigkeit
und Verkleidungen insze-
nierte er seine Diebstähle
regelrecht. 1748 wurde er
gefasst und zu lebenslan-
ger Kerkerhaft verurteilt.
Als der preußische König
Friedrich der Große ihn
1757 im Siebenjährigen
Krieg als Spion in Prag
einsetzen wollte und ihn
deshalb aus der Haft hol-
te, floh Käsebier. Seitdem
hatte man nichts mehr
von ihm gehört. Egon
Erwin Kisch schrieb eine
Geschichte darüber, auf
deren Grundlage die DEFA
einen Film mit Manfred
Krug in der Rolle des
Käsebier drehte.

11 | Kühler Brunnen

»Hallesches Brauhaus« Mo–Fr ab 17 Uhr,
Sa/So ab 11 Uhr

Wendet man sich vom Graseweghaus nach rechts und
durchquert nochmals rechts eine kleine Gasse, gelangt
man zur Straße Kühler Brunnen. Die Neubauten rechts
und links gehören zur zweiten Generation von Platten-
bauten, die die teils durch Kriegsschäden, aber mehr
noch durch Verwahrlosung eingefallenen Häuser Althal-
les in den 1980er Jahren ersetzten. Sie sind immerhin der
Versuch, alte Straßenfluchten und Traufhöhen wieder
aufzunehmen bzw. beizubehalten.

Links: Graseweghaus

Kühler Brunnen

Hans von Schenitz
(Schönitz)
1499–1535, Kaufmann,
Kämmerer und Baumeis-
ter. Als Vertrauter Kardinal
Albrechts war Schenitz
seit 1520 mit Geschäften
für ihn befasst: Beschaf-
fung von Finanzen und
Mätressen, Durchführung
von Bauvorhaben, Einkauf
von Kunstgegenstän-
den. Später wurde er
wegen Veruntreuung
von 50 000 Gulden
verhaftet, auf die Burg
Giebichenstein gebracht
und auf dem Galgenberg
hingerichtet. Danach gab
es Diskussionen um die
Rechtmäßigkeit der An-
klage und des Prozesses;
auch Luther mischte sich
mit Streitschriften ein.
Hartnäckig hält sich die
Geschichte, dass Albrecht
seinen Vertrauten deshalb
hinrichten ließ, weil dieser
eine schöne italienische
Sängerin vor ihm in den
Armen gehalten habe.

Im Kühlen Brunnen, so genannt, weil hier einst ein Tiefbrunnen kaltes Wasser gab, befindet sich ein Patrizieranwesen, das einst das schönste Renaissance-Stadtpalais von Halle war. Sein damaliger Besitzer Hans von Schenitz endete 1535 am Galgen. Das 1522–1531 erbaute Wohn- und Handelshaus Kühler Brunnen zählt aufgrund seiner frühen Entstehungszeit und wegen seiner italienisierenden Bauformen zu den Preziosen der mitteldeutschen Frührenaissance. Das weiträumige patrizische Anwesen mit zwei Innenhöfen erstreckt sich vom Markt entlang der Gasse Kühler Brunnen bis zur Großen Nikolaistraße. Mehrere große Gebäude mit Treppenturm, schönen Erkern und großen repräsentativen Sälen mit zum Teil holzgeschnitzten und vergoldeten Decken und Türen bilden den Komplex. Auffällig sind die Rundbogengiebel an dem markanten Erker, die sich auch am Dom wiederfinden. An der Ausstattung wirkten namhafte Künstler der Zeit mit, u. a. Lucas Cranach d. Ä. und Matthias Grünewald. Der größte Teil der Ausstattung befindet sich heute in Museen. Heute hat das Hallesche Brauhaus sein Domizil in dem immer noch seiner Restaurierung harrenden Anwesen.

12 | Händel-Haus

Apr.–Okt.: Di–So 10–18 Uhr; Nov.–März: Di–So 10–17 Uhr

In diesem Haus in der Großen Nikolaistraße, heute Treffpunkt von Musikfreunden aus aller Welt, wurde Georg Friedrich Händel am 23. Februar 1685 geboren und verlebte hier seine Kindheit und Jugend. 1937 erwarb die Stadt Halle das Haus, um hier das Musikmuseum und eine Gedenkstätte für ihren bedeutendsten Sohn einzurichten. Zum Händel-Jahr 2009 (250. Todestag) wurde das Haus renoviert und mit neu konzipierter Dauerausstellung wiedereröffnet. »Händel – der Europäer« thematisiert im Dachgeschoss seine Hallenser Jahre zwischen 1685 und 1703; seine europäische Karriere ab 1703 bis zu seinem Tod wird im ersten Obergeschoss veranschaulicht. Die zweite Dauerausstellung »Historische Musikinstrumente« präsentiert im neuen Anbau aus einer Sammlung von über 750 Instrumenten wertvolle,

aber auch kuriose Exemplare. Zu den Höhepunkten der Ausstellung zählt eine sowohl von oben als auch von der Seite einsehbare spätbarocke Orgel.

Im Händel-Haus, das auch über eine wertvolle Bibliothek verfügt, werden nicht nur exzellente Konzerte veranstaltet, hier sitzt auch die Internationale Georg-Friedrich-Händel-Gesellschaft. Seit 1952 finden die jährlichen Händel-Festspiele statt (Vorgänger waren seit 1922 die »Halleschen Händelfeste«), mit dem legendären Abschlusskonzert in der Galgenbergschlucht.

13 | Kleine Ulrichstraße

Links vom Händel-Haus gelangt man in die Kleine Ulrichstraße, Halles beliebte Kneipenmeile. Gleich links findet man die »Ökoase« (Nr. 2, Mo–Sa 11–18 Uhr), ein vegetarisches Restaurant; rechts (Nr. 36) das »Café Lujah« (Di–Sa ab 18 Uhr) sowie das ungarische »Budapest Restaurant« (Nr. 32/33, Ecke Dachritzstraße). Letzteres befindet sich im ehemaligen Wirtshaus »Alt-Halle«, einem Fachwerkbau aus dem Jahr 1591, mit einem der wenigen in Halle noch erhaltenen Bohlenzimmern. Gegenüber, im Haus Nr. 5, heute ein Plattenbau, wurde im November 1716 Grä-

Georg Friedrich Händel
1685–1759, Komponist. Zu den Hauptwerken des in Halle geborenen Komponisten zählen über 40 Opern und 30 Oratorien, daneben zahlreiche Kirchenmusiken, Kammermusik und bedeutende Orchesterwerke, darunter die berühmte »Feuerwerksmusik«. Er schrieb sich 1702 an der Universität Halle ein und wurde im gleichen Jahr Organist am Dom. Schon im folgenden Jahr zog es ihn nach Hamburg, wo er erste Erfolge feierte. Von 1712 bis zu seinem Tod lebte Händel in London, wo seine großen Opern und Oratorien entstanden. Begraben ist Händel in der Londoner Westminster Abbey, in der sogenannten »Poet's Corner« neben Charles Dickens.

Peter Sodann

Geb. 1936, Schauspieler, Regisseur, Theaterintendant. Erstes Engagement unter Helene Weigel am Berliner Ensemble, später in Erfurt, Karl-Marx-Stadt (Chemnitz) und Magdeburg sowie ab 1980 in Halle als Schauspieldirektor des Landestheaters tätig. Mit seinem Ensemble schuf Sodann ab 1981 die Hallesche Kulturinsel. Seit den 1970er Jahren ist er auch als Filmschauspieler bekannt geworden, insbesondere als Kommissar Ehrlicher im »Tatort« (1991–2007). Seit 2005 ist Sodann Ehrenbürger von Halle.

fin Cosel, die Geliebte des sächsisch-polnischen Kurfürst-Königs August des Starken, auf ihrer Flucht gefangen genommen und später auf die Festung Stolpen gebracht. Daneben (Nr. 7) erhebt sich ein barockes Bürgerhaus von 1707 (umgebaut 1939). Über dem Sprenggiebelportal stehen die allegorischen Figuren der Gerechtigkeit (Justitia) und des Glaubens (Fides). Innen sind Stuckdecken und eine barocke Holztreppe zu bewundern. Einstiger Bauherr war Johann Schroeder (1662–1724), Jurist und Pfänner, dem die Portalinschrift »Sublimiora peto« (Ich strebe nach Höherem) wichtig war.

14 | Kulturinsel

Rechter Hand in die Bölbergasse einbiegend, kann man in der Großen Ulrichstraße 50 die »Kulturinsel« nicht verfehlen. Hier schlägt Halles Theaterherz. Der Schauspieler und Regisseur Peter Sodann schuf mit seinem Ensemble ab 1981, beginnend mit einem alten Kinosaal, die Hallesche Kulturinsel. Heute beherbergt sie das »neue theater« mit Großem Saal, Hof-, Kammer- und Puppentheater, Galerie, Literaturcafé und Theaterkneipe »Strieses Biertunnel« mit Sommerterrasse.

15 | Martin-Luther-Universität

Am Universitätsplatz erreicht man die zentralen Gebäu-
de der Martin-Luther-Universität Halle-Wittenberg. Die
Wittenberger Universität Leucorea, gegründet 1502, war
das Zentrum der Reformation. Sie wurde 1817 mit der im
Jahr 1694 gegründeten Friedrichs-Universität Halle – ein
Zentrum der Aufklärung in Deutschland – vereinigt.

Der Platz gilt heute als einer der schönsten Universi-
tätsplätze Deutschlands, auf dem, mitten in der Innen-
stadt gelegen, die Verbindung von historischer Substanz
und neuer Architektur gelungen ist. Das älteste Bauwerk
ist das Hauptgebäude der Universität, das 1832–1834 erbaut wurde. Es wird im Volksmund als Löwengebäude
bezeichnet – nach den zwei gusseisernen Löwen, die von
Johann Gottfried Schadow geschaffen wurden und seit
1868 das Eingangsportal zieren. Das neueste Gebäude
auf dem Platz ist das Auditorium Maximum mit kom-
pletter Glasfassade, das anlässlich der 500-Jahr-Feier der
Universität im Jahr 2002 eingeweiht wurde.

Am Universitätsring steht die Bet- oder Pestsäule, ein
gotischer Bildstock mit Kreuzigungsdarstellung aus vor-
reformatorischer Zeit. Sie wurde 1455 zum Dank für die
Überwindung der Pestwellen von 1449 und 1452 errichtet.

Dorothea Erxleben
1715–1762, erste
promovierte deutsche
Ärztin. Die Tochter eines
Quedlinburger Arztes
hatte sich bei ihrem Vater
akademische Kenntnisse
angeeignet und bei ihm
praktiziert. Der Zugang
zur Universität blieb ihr
als Frau verwehrt. Mit
der Schrift »Gründliche
Untersuchungen der Ur-
sachen, die das weibliche
Geschlecht vom Studieren
abhalten« (1740) wehrte
sie sich gegen den Vorwurf
des Dilettantismus. Die
erstrittenen Prüfungen an
der Universität Halle legte
sie glänzend ab. Nach der
Geburt ihres vierten Kin-
des promovierte sie 1754
als erste deutsche Frau.

Christian Thomasius
1655–1728, Jurist, Philosoph und Frühaufklärer. Thomasius ging 1690 von Leipzig in Unfrieden nach Halle, wo er 1694 die Universität mitbegründete (Sitz in der Waage am Markt), die bald als Zentrum der Frühaufklärung galt. Ab 1710 war Thomasius Ordinarius der juristischen Fakultät. Er war der erste Gelehrte, der Vorlesungen in deutscher statt in lateinischer Sprache hielt. Durch sein Engagement für eine humane Strafordnung trug er wesentlich zur Abschaffung der Folter und der Hexenprozesse bei. Sein Grab befindet sich auf dem Stadtgottesacker.

Über den Universitätsring hinweg kommt man zu Halles Opernhaus, 1886 als Stadttheater eröffnet und zu jener Zeit eines der modernsten Theater Europas. Nach Zerstörung im Zweiten Weltkrieg konnte der Neubau 1951 als Mehrspartentheater eingeweiht werden. Das Gebäude wurde 1992 ausschließlich für Opern- bzw. Musiktheateraufführungen bestimmt und ist mittlerweile vorbildlich saniert und rekonstruiert. Das Opernhaus bietet 672 Sitzplätze in Parkett und zwei Rängen und ist besonders der Händel-Pflege verpflichtet.

Der Stadtrundgang setzt sich, die Große Ulrichstraße abermals überquerend, in der Jägergasse fort. In der Kleinen Ulrichstraße befindet sich auf der linken Seite in einem prächtigen Gründerzeithaus aus dem Jahr 1891, dem ehemaligen bekannten Restaurant »Drei Kaiser«, ein vietnamesisches Restaurant. Die Innenausstattung blieb erhalten. Gegenüber (Nr. 22) liegt die »Zazie-Kino-Bar« (Bar tägl. ab 19 Uhr). »Zazie« ist das einzige Programmkino der Stadt. Hier stand schon 1899 ein »Cinematograph«. Heute werden anspruchsvolle Filme, thematische Reihen und Kino-Klassiker gezeigt. Die Fassade weist schöne Terrakotta-Verzierungen auf.

17 | Moritzburg

Kunstmuseum Do–Di 10–18 Uhr
Maria-Magdalenen-Kapelle Apr.–Sept.: Mo–Fr 14–18 Uhr

Durch die Bergstraße gelangt man, das Physikalische Institut der Universität rechts liegen lassend, zur Moritzburg. Als Residenz der Magdeburger Erzbischöfe zum Schutz gegen die Bürger, die um ihre Selbständigkeit kämpften, wurde die Burg im Wesentlichen in den Jahren 1484 bis 1517, zwischen Gotik und Renaissance, erbaut. Dafür wurde das einst hier befindliche Judendorf zerstört. Von 1513 bis 1541 residierte hier Albrecht von Brandenburg, der die Moritzburg mit seinem beispiellosen Repräsentationsbedürfnis zum Kunstzentrum machte.

Seit 1885 ist die Moritzburg Museum, seit 2003 Kunstmuseum des Landes Sachsen-Anhalt mit dem Schwerpunkt »Klassische Moderne« (Munch, Klimt, Kirchner, Pechstein, Marc, Feininger, Klee, Liebermann, Kokoschka, Nolde, Kollwitz). Seit 2014 Teil der Kulturstiftung Sachsen-Anhalt, wird hier eine der wichtigsten Sammlungen des deutschen Expressionismus mit außergewöhnlichen Schätzen bewahrt und gezeigt. Vieles ist

Lyonel Feininger
1871–1956, deutschamerikanischer Zeichner und Maler, Mitglied der Berliner Sezession und des Bauhauses. Anfangs als Karikaturist tätig, kam Feininger mit 36 Jahren zur Malerei. 1919 wurde er an das Bauhaus nach Weimar berufen. 1926 ging er mit dem Bauhaus nach Dessau. 1929–1931 hatte er sein Atelier im Torturm der Moritzburg. Dort entstanden seine elf großen Halle-Bilder, u. a. »Marienkirche mit dem Pfeil« und »Der Dom in Halle«, die heute im Kunstmuseum Moritzburg ausgestellt sind. Von den Nazis als »entartet« verfolgt, kehrte Feininger 1937 mit seiner Frau in die USA zurück.

17

durch die Aktion »Entartete Kunst« der Nationalsozia-listen zerstört worden oder verschollen, wird aber, wenn möglich, ersetzt.

Künstlerisches Kleinod der Moritzburg ist die gotische Maria-Magdalenen-Kapelle, in der ab 1503 Messen ab-gehalten wurden. Seit 1899 Universitätskirche, wird sie heute von der Altlutherischen Gemeinde genutzt. Aus der Bauzeit sind Wände, Säulen, Emporen, Wappen- und Weihetafeln erhalten; die Ausgestaltung, darunter Fres-ken, Fenster und die Orgel, stammt aus der Zeit um 1900.

1904 wurde ein Nachbau des alten Talamtes von 1558 (ehemals unterhalb der Marienkirche, 1882 abgerissen) mit originalen Ausstattungsteilen für das städtische Kunstgewerbemuseum errichtet. Zu sehen sind u. a. das Gerichtszimmer und das Brautzimmer als Repräsenta-tionsräume der Halloren, dazu Portale und andere Teile aus Patrizierhäusern.

Die rekonstruierte Burg wurde Ende 2008 als eines der bedeutendsten Zentren der Moderne mit neuer Dauer-ausstellung wieder eröffnet. Den Architektenwettbe-werb für den Erweiterungsbau über den im Dreißigjäh-rigen Krieg zerstörten Nord- und Westflügel hatte 2004 das spanische Büro Nieto Sobejano gewonnen. Durch ein von hervortretenden Oberlichtern geformtes gemeinsa-

mes Aluminiumdach, das die Form historischer Sattel-
dächer und Giebel aufnimmt, werden die beiden Flügel
verbunden. Die Obergeschosse der Ausstellungsräume
sind als schwebende Boxen von der Dachkonstruktion
abgehängt und über Galerien zu erreichen. Von diesen
Galerien eröffnen sich (für Schwindelfreie ohne Höhen-
angst) durch Großfenster immer wieder neue, faszinie-
rende Blicke auf die Stadt. Die großartige Architektur
schuf nicht nur über 2000 Quadratmeter neue Ausstel-
lungsfläche, sie verbindet zugleich den Westflügel mit
dem Talamt und mit den der Kunst des 19. Jahrhunderts
gewidmeten Räumen.

Talamt

18 | Dom

Apr.–Okt.: Di–Sa 11–17 Uhr; Nov.–März: Di–Fr 13–16 Uhr,
Sa 10–16 Uhr

Nach rechts über den Schlossberg gehend, gelangt man
am Mühlberg (links) zum Denkmal für Matthias Grünewald; rechter Hand kann man durch die Mühlpforte
einen Blick in Richtung Saale werfen. Das Renaissancegebäude an der rechten Seite ist die Neumühle, erbaut

Matthias Grünewald
(eigtl. Mathis Gothart-
Nithart)
1475/1480–1528, Renais-
sancemaler. Der Schöpfer
des Isenheimer Altars
(1513) stand ab 1517 im
Dienst des Erzbischofs von
Mainz, Albrecht von Bran-
denburg, als Hofmaler
und oberster Kunstbe-
amter. 1520 schuf er die
Erasmus-Mauritius-Tafel
für das Neue Stift in Halle
(heute Alte Pinakothek
München). Nach seinem
Ausscheiden aus dem
Hofdienst wurde er 1527
als »Wasserkunstmacher«
nach Halle berufen, wo er
ein Jahr später starb.

Albrecht von Branden-burg

1490–1545, ranghöchster geistlicher Würdenträger des Deutschen Reiches. 1506 trat Albrecht, der gemeinsam mit seinem Bruder Markgraf von Brandenburg war, in den geistlichen Stand; 1518 wurde er Kardinal der Römischen Kirche. Albrecht regierte 1514 bis zu seiner Vertreibung 1541 von seiner Residenz Moritzburg aus. Der Renaissancefürst war ein Freund der Wissenschaften und Förderer der Künste. Halle verdankt ihm u. a. den Bau der Marktkirche, die Ausgestaltung des Domes und die Anlage des Stadtgottesackers.

1582, in der sich einst elf Wasserräder drehten. Seit 1585 wurden hier die Stände der Saale-Hochwasser angezeichnet. Durch die Mühlgasse gelangt man zum Domplatz. Das schöne Renaissancegebäude (Nr. 1) war die neue Kanzlei und ehemalige erzbischöfliche Kammer.

Der Dom, einziger Großbau der Frühgotik in der Stadt (13. Jahrhundert), war ursprünglich die Klosterkirche der Dominikaner. Bis zur Reformation war die Residenz eines der bedeutendsten Zentren der geistlichen Wissenschaft und der Kunst Mitteldeutschlands.

Ab 1520 bewahrte Albrecht von Brandenburg, der die ehemals schlichte Kirche zur Stiftskirche ernannt und als seine Grablege erkoren hatte, hier und in der Moritzburg seine umfangreiche Reliquiensammlung auf, das »Hallesche Heilthum«. Albrecht war Markgraf von Brandenburg, Erzbischof von Magdeburg, Erzbischof von Mainz und als solcher Kurfürst und Erzkanzler des Heiligen Römischen Reiches, Administrator des Bistums Halberstadt – die Ämterhäufung widersprach dem Kirchenrecht, und Albrecht musste sich vom Papst eine Befreiung erkaufen. Mit Hilfe des Dominikanermönches Johann Tetzel setzte er mit Genehmigung des Papstes einen Ablasshandel in Gang, der ihn zu einem der wichtigsten Gegenspieler Luthers machte.

Albrecht ließ am Dom zahlreiche Veränderungen im Stil der Renaissance vornehmen. Von seinen Umbauten sind im Inneren bemerkenswert: der Wendelstein, die 17 überlebensgroßen Pfeilerfiguren (1518–1523), die beiden Weihetafeln im nördlichen Kreuzgang, die Kanzel (1526) und das Chorgestühl. Den Großteil der 18 Altäre, ein immenses Bildprogramm, mit dem Albrecht auf die beginnende Reformation reagierte, hatte er 1520 bei Lukas Cranach d. Ä. in Auftrag gegeben, der dafür mit seiner Werkstatt fünf Jahre benötigte – bis heute der größte bekannte Gemäldeauftrag der deutschen Kunstgeschichte. Wie alle anderen Schätze nahm Albrecht 1541 bei seinem Weggang aus Halle auch die Bilder und Altäre mit nach Aschaffenburg. Außen sind das Dach (als ehemalige Bettelordenskirche besitzt das Gotteshaus keine Türme) und das Portal (1525, Original in der Moritzburg), das zu den frühesten Renaissancebauwerken seiner Art in Mitteldeutschland zählt, sehenswert.

Seit dem ausgehenden 16. Jahrhundert ist der Dom evangelisch. Herzog August von Sachsen (1635–1680), der den Dom als Hofkirche nutzte, ließ die barocken Einbauten vornehmen. 1688 wurde er der reformierten Gemeinde zur ewigen Nutzung übergeben. 1702/03 war Georg Friedrich Händel Domorganist.

19 | Neue Residenz

Geiseltal-Sammlung Mo 14–16 Uhr

Carl Adolf Riebeck

1821–1883, Bergwerks-
unternehmer. Aus einer
Bergarbeiterfamilie stam-
mend, hatte sich Riebeck
nach einer Ausbildung als
Steiger zum Berginspektor
hochgearbeitet. Ende der
1850er Jahre erwarb er
mehrere Braunkohlenfel-
der im Raum Bitterfeld
und Weißenfels und
errichtete Braunkohlen-
werke zur Brikettfabrikati-
on, dazu Schwelereien und
Destillationsanlagen zur
Gewinnung von Paraffin,
Öl und Teer. Binnen we-
niger Jahre hatte Riebeck
den Braunkohlenbergbau
in der Region zur Großin-
dustrie entwickelt. Er gilt
damit als Begründer der
typischen Industrieland-
schaft Mitteldeutschlands.

Gleich neben dem Dom liegt die Neue Residenz. Von Kardinal Albrecht ursprünglich als katholische Universität
geplant und als vierflügelige, zweigeschossige Anlage
erbaut, waren 1537 die ersten Gebäude der Residenz fer-
tiggestellt. Die Reformation machte Albrechts Pläne zu-
nichte. Die repräsentativen Gebäude dienten im 17. Jahrhundert der fürstlichen Hofhaltung; nach dem Tod
Herzog Augusts von Sachsen 1680 wurde hier ein Hospi-
tal eingerichtet. Umbauten für ein Museum im 19. Jahrhundert zerstörten wertvolle Renaissanceelemente.

Seit 1934 befindet sich in der ehemaligen Kapelle des
Kardinals im Nordflügel der Neuen Residenz das Geisel-
talmuseum. Dort sind einzigartige Fossilienfunde aus
dem Eozän vor ca. 45 Millionen Jahren zu bewundern,
zutage gefördert beim Braunkohlenabbau im Geiseltal.
Unter den bedeutendsten Funden sind u. a. ein land-
lebendes Krokodil, ein Riesenlaufvogel und das kleine
Skelett eines Urpferdes. Im Innenhof finden thematische
Ausstellungen des Beruflichen Bildungswerks e. V. statt,
die kostenlos besichtigt werden können.

20 | Große Klausstraße

Der Ackerbürgerhof in der Großen Klausstraße 15 ist eines der letzten Zeugnisse der wechselvollen Geschichte der alten Salz- und Handelsstadt und das älteste erhaltene Bürgerhaus Halles, das ehemalige Anwesen eines Stadtritters aus dem 12. Jahrhundert. Erhalten haben sich aus dieser Zeit der Wohnturm mit romanischer Säule und Kreuzgewölbe, dazu ein überbauter Brunnen und Stuckdecken aus dem 16. Jahrhundert. Seit sich hier eine Boutique befindet, sind leider keine Besichtigungen mehr möglich.

»Illusionswand«

An der Ecke Oleariusstraße fällt eine bemalte Giebelwand auf, die die Hallenser »Illusionswand« nennen. Es ist die Brandmauer des Hauses »Zu den drei Königen«, heute Gasthaus »Zum Schad«. Das 400 Quadratmeter große Bild wurde 1987/88 von dem halleschen Maler Hans-Joachim Triebsch gestaltet. Neben Marx, Händel und Mickey Mouse findet man einen Hochseiltänzer und mit Coca-Cola-Werbung übermalte Parolen der Französischen Revolution – es gibt einiges zu entdecken. In der Mitte des Gebäudes befindet sich ein Schweifgiebel, den ein Relief mit drei Königen ziert, und bis heute ist die Inschrift »Zu den drei Königen« zu sehen.

Ackerbürgerhof

21 | Wilhelm-Friedemann-Bach-Haus

Fr/Sa 10–18 Uhr, Winter bis 17 Uhr

Linker Hand stößt man in der Großen Klausstraße 12 (Eingang Hallorenring) auf das ehemalige Wohnhaus von Wilhelm Friedemann Bach (1710–1784). Wilhelm Friedemann war der älteste Sohn von Johann Sebastian Bach und einer der bedeutendsten Orgelvirtuosen seiner Zeit. In Halle wirkte er als Organist an der Marktkirche und als »Director musices« und hatte damit das wichtigste musikalische Amt der Stadt inne.

Das Gebäude, in dem er 1764–1770 lebte, wurde anlässlich seines 300. Geburtstages nach umfangreichen Sanierungsarbeiten wieder hergerichtet und 2012 mit der Ausstellung »Musikstadt Halle« der Öffentlichkeit übergeben. Anhand einer reichen Sammlung an einzigartigen Exponaten der Stiftung Händel-Haus kann man sich auf eine informative und unterhaltsame Zeitreise durch die hallesche Musikgeschichte vom Mittelalter bis in die jüngste Vergangenheit begeben. Im original erhaltenen Renaissanceflügel kann man eine historische Bohlenstube und wertvolle Musikinstrumente aus der Mitte des 16. Jahrhunderts bewundern.

Pfänner (Pfannherren)

Der Name ist hergeleitet von den Pfannen, in denen das Salz geschöpft wurde. Im Mittelalter war der Erzbischof von Magdeburg als oberster Lehnherr Eigentümer der Solequellen. Er »verlieh« das Recht zur Solenutzung in Anteilen an die Pfänner und behielt einen Teil der Erträge ein. Voraussetzung für den Status des Pfänners war das Bürgerrecht von Halle, gekoppelt an Hausbesitz und Heirat. Anteile wurden entweder durch Vererbung übertragen oder konnten bei Weg- oder Hinzuzug ihren »Besitzer« wechseln. Die Pfänner galten als die Patrizier von Halle, ihre Gemeinschaft bestand seit dem 13. Jahrhundert.

22 | Halloren- und Salinemuseum

Wegen Sanierung vorauss. bis 2022 geschlossen

Den Mühlgraben überquerend, gelangt man entlang der Mansfelder Straße zur Saale, an deren anderem Ufer sich das Museum befindet. Man passiert die Saalebrücke und sieht rechts das »Uhrenhaus« mit Türmchen und das »Siedehaus VI« mit Schornstein. Das Museum ist untergebracht auf dem Gelände der 1719 gegründeten Königlich-Preußischen Saline, die ab 1868 nach Aufgabe der »Thalsaline« am heutigen Hallmarkt als Saline »Hallesche Pfännerschaft« bis 1964 in Betrieb gewesen ist. Immer noch wird in der Saline Salz produziert – mit rund 100 Tonnen pro Jahr ist das Museum Deutschlands kleinster Salzproduzent. Besucher nehmen gern das »Original Hallore-Siedesalz« als Souvenir mit. Aber auch Hallenser kaufen das ökozertifizierte Salz, hallesche Bäcker, Fleischer und Gastronomen verwenden es. Ausgestellt sind Kleidung, Arbeitsgeräte, Modelle, Kunstwerke und Gegenstände, die mit der Geschichte der Halloren verbunden sind. Höhepunkte sind die mehrmals im Jahr stattfindenden öffentlichen Schausieden mit einer Präsentation des Silberschatzes der Halloren.

Solebrunnen

Eine geologische Besonderheit, die »Hallesche Marktplatzverwerfung«, ermöglichte seit dem frühen Mittelalter die Förderung von hochkonzentrierter Sole aus 14 bis 35 Metern Tiefe. Aus vier Brunnen wurde im Bereich des heutigen Hallmarktes die Sole gehoben und auf über 100 Siedekothe (Salzsiedehütten) in der »Thalsaline« verteilt, wo sie in eisernen Pfannen versiedet wurde, d. h. das Salz wurde durch Erhitzen der Sole auskristallisiert.

23 | Hallmarkt

Zurück zum Hallorenring passiert man den gigantischen 60-Millionen-Bau des Finanzamtes, dessen »feingliedrige Lochfassade« nach Aussagen von HPP Architekten Düsseldorf die Bezüge zur Umgebung aufnimmt und sich an der Ordnung historischer Amtsgebäude orientiert. Dahinter tauchen die Rückfront der Händelhalle und des MDR-Neubaus auf. Die Händelhalle verfügt über eine ausgezeichnete Akustik und ist Ort für vielerlei Veranstaltungen, auch für Konzerte der renommierten Staatskapelle Halle, die ihre Heimstatt im Opernhaus hat.

Wenige Schritte weiter öffnet sich links der Hallmarkt unterhalb der Marktkirche, deren Türme man von hier aus wunderbar betrachten kann. Er ist die »Wiege« Halles und wird wegen seiner tiefen Lage an der Saale das »Tal« genannt. Hier entsprangen vier Solequellen, die schon im 8. Jahrhundert in Brunnen erfasst wurden (Gutjahr- oder Wendischer Brunnen, Deutscher Born, Hackeborn, Meteritzbrunnen). Hier befand sich seit dem frühen Mittelalter die Saline, die zur wichtigsten Quelle des Reichtums der Stadt werden sollte. Hier lag das Produktionszentrum der mittelalterlichen Stadt, die »Halle«, auf der das Salz gewonnen wurde. 1868 wurden die alten Siedehütten abgerissen, bereits 1846 waren die Brunnen verfüllt worden.

In einem der repräsentativsten Bauten an der Südseite befindet sich der Hauptsitz der 1905 eingerichteten Stadtbibliothek. Der neoromanische Bau unterhalb der Marktkirche entstand 1924 als Transformatorenstation.

Die Salzwirker, seit dem 17. Jahrhundert »Halloren« genannt, waren die wichtigsten Produzenten in der mittelalterlichen Stadt. Sie kochten die geförderte Sole in den Siedekothen zu Salz, das an Ort und Stelle an die Kaufleute verkauft wurde. Die »Salzwirker-Brüderschaft im Thale zu Halle« als seit 1491 nachweislich bestehender Zusammenschluss der Salinenarbeiter hütet und pflegt das eigentümliche Brauchtum und die besonderen Rechte und Pflichten der Halloren bis heute: Feste wie Sonnen- und Pfingstbier, Zappeltanz, Neujahrsgratulation und Fischerstechen, das Herstellen von Soleiern und Schlackwurst sowie das Grabgeleit. Berühmt waren die Halloren früher auch für ihre Verdienste bei der Stadtverteidigung, beim Hochwasser- und Feuerschutz, als erste Schwimmmeister Deutschlands sowie für ihr Können beim Lerchenfang.

24 | Göbelbrunnen

An der Westseite des Hallmarktes steht seit 1998 der nach seinem Schöpfer Bernd Göbel (geb. 1942) benannte Göbelbrunnen, ein beliebter Treffpunkt im Herzen von Halle, der mit einem Augenzwinkern die Wirtschafts- und Kulturgeschichte der Stadt erzählt. Auf der der Stadtbibliothek zugewandten Seite (Salzgrafenstraße) berichtet die Beckenrandgruppe von der Stadtgründung – sie zeigt Hallenser beim Meißeln ihres Stadtwappens, Stadt- und Kirchenoberhaupt schauen zu.

1041–1123, Graf. Den vermeintlichen Gründer der Wartburg in Eisenach verbindet eine Sage mit der halleschen Geschichte: Verliebt in die schöne Adelheid, Gemahlin des Pfalzgrafen Friedrich III. zu Sachsen, soll Landgraf Ludwig II. von Thüringen seiner Liebe zum Erfolg verholfen haben, indem er Friedrich bei der Jagd erstach. Häscher des Kaisers brachten ihn auf die Burg Giebichenstein. Als Ludwig erfuhr, dass er hingerichtet werden sollte, floh er, indem er, eingehüllt in mehrere weite Mäntel, todesmutig in die Tiefe sprang und unbeschadet in der Saale landete. Seitdem trug er den Beinamen »der Springer«.

Ein Hallorenjunge hält die Sichel des Mondes bereit. Da bis heute nicht eindeutig geklärt wurde, wem die Entdeckung der vier Salzquellen zuzuschreiben ist, hat der Künstler beiden aus der Überlieferung bekannten Tieren – Schwein und Hund – ein Denkmal gesetzt. Der Sage nach hütete ein Hirte im Tal die Schweine. Es war sehr heiß, und eins der Tiere kühlte sich in einer Pfütze ab. Als es wieder trocken geworden war, bemerkte der Hirte, dass die Borsten in der Sonne wie Silber glänzten. Er untersuchte das Wasser, in dem sich das Schwein herumgewälzt hatte, und bemerkte, dass es Salz enthielt. Er teilte seine Entdeckung mit, und nun ward an der Stelle der erste Brunnen zur Ansammlung des Solwassers gegraben und Gutjahrbrunnen genannt.

In einer weiteren Gruppe des Brunnens sind Halloren bei ihrer schweren Arbeit und ihr Brauchtum zu sehen (Pfingstbier, Fahnenschwenken, Bechersonnen und die Präsentation des Silberschatzes). Ebenfalls vertreten ist **Ludwig der Springer**. Eine dritte Gruppe zeigt den entblößten Kardinal Albrecht mit seiner italienischen Geliebten. Die Mitra, die ursprünglich auf seinem Kopf saß und den laster- und sündhaften Kardinal als Mann der Kirche identifizierte, entfachte einen Sturm der Entrüstung. Göbel entschärfte die Situation, indem er die Mitra in einen zu Berge stehenden Haarschopf verwandelte. Die Figuren aus der Halleschen Sagenwelt außerhalb des Beckens stehen auf 1,60 Meter hohen Sockeln.

25 | Moritzkirche

Di–Fr 11–12/15–17 Uhr, Sa/So 13–17 Uhr

Die spätgotische Hallenkirche mit reicher Innenausstattung, ab 1388 (Schlussstein 1511) von den Augustinerchorherren nach Abbruch eines älteren Vorgängerbaues als Stiftskirche für das neue Moritzkloster und gleichzeitig als Pfarrkirche der Pfännerschaft erbaut, ist das älteste erhaltene Gotteshaus der Altstadt und ein Höhepunkt der sakralen Baukunst des 14. Jahrhunderts. Baumeister war der Steinmetz Conrad von Einbeck. Bemerkenswert ist die plastische Außenarchitektur der

Schellenmoritz

Ostseite. Die später ausgeführte Westseite ist schlicht,

die Westwand des dort eingebauten Turmes war zugleich Stadtmauer. 1798 wurde ein Turm angesetzt, der aber nach nicht einmal hundert Jahren wegen Baufälligkeit abgetragen werden musste; die Legende sagt allerdings, er sei in einen Saalearm gestürzt. Seitdem ist die Kirche wieder turmlos.

Die Kirche weist zahlreiche bemerkenswerte Bildwerke auf, die meisten von Conrad von Einbeck. Auf fünf sei besonders hingewiesen, zunächst auf den Schutzpatron, den 1411 entstandenen Heiligen Mauritius, der am zweiten östlichen Pfeiler (gleich am Eingang) zu finden ist. Unter ihm windet sich der von ihm besiegte Kaiser Maximilian. Wegen der Glöckchen am Waffenrock wird Mauritius auch Schellenmoritz genannt. Conrad von Einbecks Christus an der Geißelsäule (um 1420, im südlichen Nebenchor), ebenso der Schmerzensmann und die Schmerzensmaria (beide um 1416, im nördlichen Nebenchor) sind Höhepunkte der deutschen Renaissancekunst. Das fünfte Kunstwerk, rechts oberhalb des Schmerzensmannes, ist ein Selbstbildnis Conrads von Einbeck und für die Zeit ungewöhnlich realistisch. Die Sauer-Orgel von 1925 mit einem Orgelprospekt von 1843 ist seit 1999 wieder spielbar. Die Moritzkirche ist heute katholische Stadtkirche.

Sage vom Schellenmoritz
Es gibt mehrere Versionen der Sage. Eine ist diese: Moritz war der Erbauer der Moritzkirche und so jähzornig, dass er jeden seiner Meinung nach faulen Arbeiter erschlug. Das gereute ihn später, und er ließ sich einen Rock mit Schellen machen, damit alle ihn kommen hörten und ihm nicht durch Untätigkeit Anlass zum Jähzorn gaben. In einer anderen Version der Sage bekommt er den Gürtel von seiner Schwester, die zur gleichen Zeit die Moritzburg erbauen ließ.

26 | Alter Markt

Alter Markt 25

Von der Kirche nach links gelangt man zum Alten Markt, dem ältesten Siedlungskern und Zentrum der frühmittelalterlichen Stadt; hier trafen die Handelsstraßen aufeinander; hier standen das erste Rathaus und die älteste Kirche Halles, die Michaeliskapelle. Nach der Stadterweiterung von 1120 wurde der Markt an den heutigen Ort verlegt, und dieser Platz verlor seine Bedeutung. Am Alten Markt stehen stattliche Bürgerhäuser: schöne Fachwerkhäuser und ein Renaissancehaus mit hohem Dach, der ehemalige historische Gasthof »Zum Goldenen Pflug« (Nr. 27), heute Künstlerhaus mit Galerie und durch »Hauswächter« in seiner gefährdeten Bausubstanz gesichert. Im Eckhaus davor (Nr. 25) erinnert eine vergoldete Kanonenkugel an die Beschießung Halles durch Napoleonische Truppen 1813. An der Ecke fällt die Figur eines Kaufmanns ins Auge. Man sagt, er habe die Gesichtszüge Martin Luthers. Tatsächlich wurde sie 1933 vom Ladenbesitzer Hermann Luther gestiftet. Das Fachwerkhaus Alter Markt 31 wurde um 1600 erbaut und wird das »Hallorenhaus« genannt. Einst gehörte es dem Siedemeister Christoph Frosch.

27 | Beatles Museum

Di–So 10–18 Uhr

Am Alten Markt 12 befindet sich das Beatles Museum. Von der Existenz der Stadt Halle haben die Vier vermutlich nie etwas gewusst. Dennoch hat das 1989 in Köln auf 60 Quadratmetern eröffnete Museum hier in der schönen Altstadt von Halle seit 1999 eine wahre Heimstatt gefunden und zieht Fans aus aller Welt an. Bestaunen kann man auf nunmehr etwa 500 Quadratmetern die größte Beatles-Sammlung in Deutschland: Zeugnisse und Fotos aus der Kindheit und Jugend der vier Musiker, Ausstellungsstücke aus der gemeinsamen Zeit bis 1970 und Dokumente ihrer Solokarrieren. Es gibt Filme, Vorträge, Räume für eigene Aktivitäten, ein Café zum Ausruhen und mehr. Natürlich auch einen Shop mit Schallplatten, CDs, Videos, Büchern, Postern, Raritäten...

28 | Eselsbrunnen

Seit 1913 befindet sich in der Mitte des Platzes der Esels-
brunnen als ein Wahrzeichen der Stadt, einen Müller-
burschen mit Esel darstellend. Der Brunnen nimmt Be-
zug auf die Sage vom Esel: Als einst Kaiser Otto seinen
Besuch angekündigt hatte, bestreuten die Hallenser die
Straße am Rannischen Tor, die der Kaiser passieren wür-
de, mit Rosen. Da die Saale Hochwasser führte, nahm der
Kaiser einen anderen Weg. Das Volk wartete indes am
Rannischen Tor. Als dieses sich öffnete, erhob sich ein
großer Jubel, doch nicht der Kaiser erschien, sondern ein
Müllerbursche mit seinem voll bepackten Esel.

29 | Rannische Straße

Die Rannische Straße war im frühen Mittelalter eine der
wichtigsten Salz-Straßen der Stadt, in der einst die Fern-
kaufleute wohnten. Durch die Straße rollten die Fuhr-
werke der Kaufleute, und hier waren auch die Ausspann-
höfe. Das wichtigste Gebäude der Straße ist die »Goldene
Rose« (Nr. 19). Die älteste bekannte Erwähnung stammt
aus dem Jahre 1479, als der Gastwirt Cyriakus Eckard die

Rannische Straße 9

Hans-Dietrich Genscher
1927–2016, Jurist und
Politiker mit Ämtern in
der Bundesregierung und
der Europäischen Union.
Genscher verbrachte seine
Schul- und Studienzeit in
Halle. Als Bundesaußen-
minister (1974–1992) stand
er für eine Ausgleichs- und
Entspannungspolitik
zwischen Ost und West; im
September 1989 wurde er
zum Synonym für Freiheit,
als er die Ausreisemög-
lichkeit der 4000 DDR-
Flüchtlinge aus der
bundesdeutschen Prager
Botschaft verkündete. Er
hatte großen Anteil an der
deutschen Einheit. Seit 1991
Ehrenbürger, engagierte
sich Genscher u. a. für den
Wiederaufbau der Francke-
schen Stiftungen.

»Goldene Rose«

Schankerlaubnis erhielt. Vermutlich existiert die »Goldene Rose« aber bereits seit Mitte des 13. Jahrhunderts. Aus
dieser Zeit stammen ein Kellergewölbe sowie ein Türge-
wände der Bohlenstube. In den Voluten über dem Portal von 1596 steht die Inschrift: »Dis Haus sted in Gottes
Hand zu der gulden Rosen ist es genand«. 1789 soll Wolf-
gang Amadeus Mozart hier eine vergnügliche Nacht ver-
bracht haben. Hans-Dietrich Genscher, der als Student
auch gern in die »Rose« kam, führte hier im April 1990
mit Richard von Weizsäcker, Michail Gorbatschow, Edu-
ard Schewardnadse, James Baker und Douglas Hurt
»Zwei-plus-Vier-Gespräche« im Rahmen der deutschen
Wiedervereinigung. Im Inneren haben sich eine historische Bohlenstube, eine Bohlendecke, der barocke Dach-
stuhl und ein imposantes Kellergewölbe erhalten.

Das Rokokohaus (Nr. 17), entstanden 1750/60, ist das
letzte erhaltene seiner Art mit der in Halle einstmals verbreiteten Muschel-Ornamentik. Auf der Hofseite ist die
Holzgalerie interessant (zu sehen von der kleinen Grün-
anlage dahinter), die wohl letzte der in Halle einst übli-
chen Galerien. Das Haus Nr. 9 auf der linken Seite (Ecke
Große Brauhausstraße), ein Bürgerhaus aus dem Jahr
1540, hat einen auf zwölf Rundbögen ruhenden Stufen-
giebel und ein schönes Portal.

30 | Franckesche Stiftungen

Historisches Waisenhaus, Francke-Wohnhaus und Historische Bibliothek Di–So 10–17 Uhr
Lesesaal Mo–Fr 8–18 Uhr

Die Franckeschen Stiftungen sind eine Ende des 17. Jahrhunderts von **August Hermann Francke** ursprünglich als Waisenhaus und Armenschule gegründete Schulstadt mit etwa 50 Schul-, Wirtschafts- und Verwaltungsbauten. Francke hatte in der halleschen Vorstadt Glaucha seine Arbeit als Pfarrer begonnen – hier gab es am Ende des 17. Jahrhunderts mehr Wirts- als Wohnhäuser, entsprechend verbreitet waren Alkoholkonsum und Verwahrlosung. Mithilfe von Spendengeldern erbaute er am Glauchaer Marktplatz ein schlossartiges Waisenhaus, dem innerhalb weniger Jahrzehnte weitere Bildungsbauten folgten, woraus die bedeutendste Bildungs- und Erziehungsanstalt im Europa des frühen 18. Jahrhunderts erwuchs. Mädchen und Jungen wurden hier im Geist des Pietismus zu frommem Leben und zu nützlicher Arbeit für das Gemeinwohl erzogen. Bald gab es eigene Werkstätten und Gärten, eine Druckerei, eine Apotheke und den Cansteinschen Bibelvertrieb, die den Unterhalt der

August Hermann Francke
1663–1727, Theologe und Pädagoge. Seit 1692 war Francke Pastor und Professor für Griechisch, orientalische Sprachen und ab 1698 auch Theologie an der Universität Halle. 1695 begründete Francke, der zugleich im wissenschaftlichen Disput mit den Aufklärern Wolff und Thomasius stand, hier eine Armenschule und Waisenanstalt, die er zu einer Schulstadt entwickelte. Sein Erziehungsziel war ein tätiges Leben in Frömmigkeit mit ehrlicher, nützlicher Arbeit zum Wohl der Gesellschaft. Seine Stiftungen, die bis heute seinen Namen tragen, hatten Einfluss auf die Bildungs- und Sozialpolitik in Europa und Amerika.

Schulstadt sichern konnten; auch ein Naturalienkabinett wurde eingerichtet. Der brandenburgische Hofbeamte Carl Hildebrand von Canstein (1667–1719) finanzierte 1710 den Aufbau einer Bibelanstalt, die als älteste Bibelgesellschaft der Welt gilt. Mithilfe des »stehenden Satzes« wurden Bibeln in deutscher Sprache billig als Massendruck hergestellt, den sich auch arme Menschen leisten konnten. Zu seinen Lebzeiten wurden 180 000 Bibeln verbreitet, bis 1800 waren es über 2,7 Millionen. Am Portal des Haupthauses der Stiftungen ließ Francke den alttestamentarischen Spruch aufmeißeln: »Die auf den Herrn harren kriegen neue Kraft, daß sie auffahren mit Flügeln wie Adler«. Am Giebel findet sich eine Abbildung von zwei zur Sonne auffliegenden Adlern, die zum bildlichen Symbol der Franckeschen Stiftungen wurden.

Nach der Auflösung der Stiftungen 1946 und jahrzehntelangem Verfall, zu dem auch die 1971 gebaute Hochstraße beträchtlich beitrug, folgte 1990 die Neugründung. Heute ist die rekonstruierte und restaurierte Schulstadt europäisches Kulturdenkmal. Im Historischen Waisenhaus ist wie ehedem die Kunst- und Naturalienkammer mit ca. 3000 Objekten untergebracht. Sie ist die einzige im Original erhaltene Kammer bürgerlich-geistlichen Ursprungs und für pädagogische Zwecke im Europa des 18. Jahrhunderts. Außerdem werden Ausstel-

Wunderkammer

Historische Bibliothek

lungen zu Leben und Werk August Hermann Franckes und zur Geschichte des Pietismus gezeigt, jährlich finden kulturhistorische Wechselausstellungen statt. Vom Dach des Historischen Waisenhauses hat man einen wunderbaren Blick auf die Stadt.

Geht man am Waisenhaus vorbei hinein in die Schulstadt, passiert man rechts ein unscheinbares Gebäude – übrigens bis 1700 ein Glauchaer Wirtshaus –, das Wohnhaus Franckes von 1702 bis 1715. Links folgt das ehemalige Speise- und Singesaalgebäude von 1710/1711, das heute noch im Erdgeschoss als Mensa und im Stockwerk darüber für kulturelle Veranstaltungen genutzt wird. Der ca. 400 Personen fassende Freylinghausen-Saal ist benannt nach dem Nachfolger Franckes, Johann A. Freylinghausen (1670–1739). Von den zahlreichen, zum größten Teil öffentlichen Gebäuden seien noch genannt: das Cansteinsche Bibelzentrum (Haus 24); die Bibliothek (Haus 22) mit ihrem barocken, original erhaltenen Kulissenmagazin, die als ältester erhaltener Bibliothekszweckbau Deutschlands gilt; und gegenüber der als Internat dienende größte Fachwerkwohnhausbau Europas mit sechs Stockwerken und 115 Metern Länge. Am Ende des Lindenhofes steht das Bronze-Denkmal des großen Pädagogen, 1829 von Christian Daniel Rauch geschaffen.

Animalienschrank der Kunst-und Naturalienkammer

31 | Riesenhaus

Das interessanteste Gebäude in der Großen Brauhaus-straße ist wohl das sogenannte Riesenhaus von 1697 (Nr. 16) mit dem schönen Barockportal. Der Hausname rührt von den beiden Figuren Atlas und Herkules her, die das Portal tragen. Errichtet für den kurfürstlich-branden-burgischen Postmeister Madeweis, später dem Medizi-ner Johann Friedrich Meckel (1781–1833) gehörend, hat es illustre Gäste gesehen, darunter 1802 Johann Wolf-gang von Goethe und 1806 Napoleon.

32 | Jüdische Gedenkstätte

Links öffnet sich der Jerusalemer Platz, eine kleine Grün-anlage mit der Jüdischen Gedenkstätte. Der Synagoge nachgebildet, die erstmals 1314 als Judenschule erwähnt wurde und bis 1938 in unmittelbarer Nähe stand, befin-det sich hier seit 1988 ein Mahnmal, das an die jüdischen Opfer der NS-Herrschaft erinnert. »Mahnung den Leben-den – Vergesst nicht. Den jüdischen Opfern des Faschis-mus 1933–1945 zum ehrenden Gedenken« steht dort in Deutsch und Hebräisch. Hier ist das original erhaltene Portal der ehemaligen Synagoge zu sehen.

Willi Sitte
1921–2013, Maler. Nach künstlerischen Arbeiten in Mailand, Vicenza und Venedig lebte Sitte ab 1947 in Halle, wo er 1951 einen Lehrauftrag erhielt und 1959 Professor an der Kunstschule Burg Giebichenstein wurde. 1974–1988 war der mehr-fach ausgezeichnete Sitte Präsident des Verbandes der bildenden Künstler (VBK). Sitte gehörte zu den Wegbereitern der Moderne in der DDR und blieb umstritten; vor allem seine sinnlichen Körper-darstellungen, die sein Werk bestimmen, provo-zieren und werden häufig als zu derb abgelehnt.

Christian Wolff

1679–1754, Universalge-
lehrter, Philosoph, Jurist,
Mathematiker, Aufklä-
rer. Wolff zählt zu den
bedeutendsten Vertretern
des Naturrechts und
gilt als Begründer der
Begriffsjurisprudenz des
18. Jahrhunderts. Termino-
logische Grundlagen der
Philosophie gehen auf
ihn zurück; Begriffe wie
Bedeutung und Aufmerk-
samkeit, die er definierte,
wurden in die Alltagsspra-
che übernommen. 1702 an
der Leipziger Universität
habilitiert, ging er 1706 als
Professor für Mathematik
und Physik nach Halle.
1723 aus Halle vertrieben,
kehrte er 1740 zurück. 1743
wurde Wolff Kanzler der
halleschen Universität,
1745 Reichsfreiherr.

33 | Große Märkerstraße

Stadtmuseum Di–So 10–17 Uhr

Die Große Märkerstraße gehört zu den ältesten Straßen der Stadt. Sie war im 18. Jahrhundert bevorzugter Wohnsitz der Professoren. Zu DDR-Zeiten verfallen, sind heute die schönen Renaissance- und Barock-Häuser wieder zu bewundern, darunter das Wohnhaus links an der Ecke zur Sternstraße (Nr. 14) aus dem Jahr 1697. Die zu überquerende Sternstraße ist die Kneipenmeile der südlichen Altstadt. Benannt nach dem ehemaligen Gasthof »Zum Goldenen Stern« entstand sie 1890 als neue Wohnstraße, ihre gründerzeitliche Substanz ist lückenlos erhalten.

Das Renaissancehaus Große Märkerstraße 10 beherbergt das stadtgeschichtliche Museum. Als einziges Gebäude in der einstigen Professorenstraße kann es seit 1954 öffentlich besichtigt werden. Hier lebte 1741–1754 Christian Wolff. Fortwährend durch Anbauten erweitert, firmierte hier anschließend das renommierte Verlags- und Druckereiunternehmen »Gebauer & Schwetschke«. In der ständigen Ausstellung kann man sich auf Exkursion durch die Stadtgeschichte begeben, ein Modell von 1961 spiegelt anschaulich das Stadtbild vor 400 Jahren

räumlich wider. Die zweite Dauerausstellung vermittelt zum Thema »Geselligkeit und die Freyheit zu philosophieren« Einblicke in Leben und Wirken Wolffs. Hervorzuheben sind hier Wolffs Audienzzimmer, einmalige Leinwandtapeten nach dem Vorbild barocker Bilderbibeln sowie die Porträtgalerie der Familien Gebauer und Schwetschke.

Weiter durch die Große Märkerstraße Richtung Markt passiert man rechts zwei Bürgerhäuser aus dem 16. Jahrhundert (Nr. 7/6) sowie links (Nr. 20) die altdeutsche Bauernschänke »Zum groben Gottlieb« (tägl. 11–24 Uhr). In den benachbarten Gebäuden (Nr. 21/22, Schleiermacherhaus) hat heute das Landesamt für Denkmalpflege und Archäologie Sachsen-Anhalt Arbeitsräume. Errichtet 1561/63 unter Einbeziehung eines romanischen Vorgängerbaus, befand sich hier 1680–1693 der Sitz der Ritterakademie (Vorläufer der Universität). Nach dem barocken Umbau 1718 (linke Seite) wohnten und arbeiteten in dem Gebäude 1734–1757 Siegmund Jacob Baumgarten und 1804–1807 Friedrich Schleiermacher. Zu den berühmten Gästen des Hauses gehörte Voltaire. Das Gebäude gilt als das größte erhaltene historische Wohngebäude der Stadt. Im Hof ist noch eine vielgeschossige Treppenspindel zu besichtigen.

Empfangszimmer von Christian Wolff

Carl August Schwetschke 1756–1839, Verleger und Buchhändler. 1781 trat Schwetschke durch Vermittlung von Philipp Erasmus Reich als Faktor in die Verlagsbuchhandlung von C. H. Hemmerde (gegr. 1764) ein. Zum Teilhaber geworden, stieg er nach dem Tod Hemmerdes 1782 zum Geschäftsführer und 1788 zum Inhaber auf. Nach der Heirat mit der Tochter des Halleschen Verlegers Gebauer fiel ihm nach dessen Tod 1820 auch diese Firma zu. Dem Geist der Aufklärung verpflichtet, verlegte er v. a. wissenschaftliche Literatur, Reisebeschreibungen, Wörterbücher, Lexika und Lehrbücher.

34 | Leipziger Straße

Am Ausgang der Großen Märkerstraße öffnet sich der Marktplatz, an dem man rechter Hand in die Leipziger Straße einbiegt. Sie ist die Einkaufs- und Flaniermeile von Halle mit schönen Gründerzeit- und Jugendstil- häusern und führt vom Markt zum Bahnhof. Einst hieß sie Galgstraße (im Volksmund »Blutstraße«) und wurde als wichtige Handelsstraße in Richtung Leipzig ab 1832 Leipziger Straße genannt. Das prächtigste Gründerzeit- haus ist wohl gleich zu Beginn das Eckhaus Nr. 100, ein Geschäftshaus von 1889/90, rekonstruiert 1993.

35 | Ulrichskirche

Konzerthalle Tel. 0345 2 21 30 21

Die ehemalige Servitenklosterkirche, erbaut 1370–1466, eine zweischiffige Hallenkirche, wird seit 1976 als Kon- zerthalle genutzt. Beim Umbau wurden wertvolle Bau- teile zerstört, u. a. die Emporen, der Taufstein, der Altar und das Chorgestühl. Im Innern beeindrucken das Netz- gewölbe und der Orgelprospekt der (nicht mehr spiel-

Robert Franz
1815–1892, Liederkom- ponist. Franz hatte beim Dessauer Hofkapellmeis- ter Friedrich Schneider studiert; er war Organist an der Ulrichskirche, Gründer und Leiter der Halleschen Singakademie (die noch besteht und sei- nen Namen trägt) und ab 1859 Universitätsmusikdi- rektor. Er setzte sich für die Musik Bachs und Händels ein und bearbeitete sie im Stil der Zeit. Sein Denkmal steht am Universitätsring.

Links: Blick durch die Leipzi- ger Straße zum Roten Turm

Reinhold Lohse
(Zither-Reinhold)
1878–1964, Musiker. Eine
Krankheit im Kindesalter
verursachte bei Lohse eine
gewisse Einfältigkeit, die
ihm nur einen Broter-
werb durch die Musik
mit seinem Leierkasten
ermöglichte. Als dieser
altersschwach wurde,
entdeckte Lohse die Zither
für seine Musik. Mit seiner
Zither prägte er über
viele Jahre das Stadtbild,
vor allem um den Markt
herum, bis er zu einem
Wahrzeichen der Stadt
wurde, auch in einer Zeit,
als Straßenmusik unter
Strafe stand. Wenn er
spielte, häuften sich um
ihn herum Liebesgaben:
ein Apfel, ein Stück
Kuchen, belegte Brote,
hin und wieder auch eine
Münze. Niemand verspot-
tete ihn jemals. Durch
einen Verkehrsunfall kam
der Musikant mit dem
kindlichen Gemüt 1964
ums Leben. 250 Menschen
weinten an seinem Grab.

baren) Förner-Orgel von 1675 auf der Westempore. 1980
wurde eine Sauer-Orgel eingebaut. Die moderne Tür am
Nordportal stammt von Irmtraud Ohme; das Relief zur
Erinnerung an den Maler Matthias Grünewald, der 1528
in Halle starb, schuf Gerhard Geyer. Suchen sollte man
Zeichen der Zimmermannsgesellen, die hier ihre Äxte
schärften (am Nordostpfeiler des Seitenschiffs). In der
Ulrichskirche hatte einst August Hermann Francke seine
letzte Pfarrstelle, Robert Franz wirkte hier als Organist.
Jährlich werden etwa 150 öffentliche Konzerte und ein
Kinderchorfestival veranstaltet.

Der Brunnen vor der Kirche, 1976 von Gerhard Lichten-
feld geschaffen, zeigt vier weibliche Akte, die die Musen
der Musik (Polyhymnia), der Dichtung (Kalliope), des Tan-
zes (Terpsichore) und der bildenden Künste verkörpern.

36 | Brunnen für Zither-Reinhold

An der Ecke Große Brauhausstraße stößt man auf einen
weiteren Brunnen. Er wurde 2002 von Wolfgang Dreysse
aus Bronze geschaffen zur Erinnerung an das bekannte-
te hallesche Original, Reinhold Lohse, der sommers wie
winters mit seiner Zither unterwegs war. Reinhold sitzt
sich selbst gegenüber: Die kleine Figur zeigt ihn, wie man
ihn kannte, die große, wie er wohl gern gewesen wäre.

37 | Leipziger Turm

Der Leipziger Turm teilt die Leipziger Straße in einen
oberen (vom Turm bis zum Hauptbahnhof) und einen
unteren Abschnitt (vom Turm bis zum Markt). Im Jahr
1450 mit ca. 45 Metern Höhe als freistehender Wartturm
errichtet, ist er der letzte sichtbare Zeuge der mittelalterlichen Stadtbefestigung. (Das letzte Stück originaler
Stadtmauer steht noch im Schulhof der Goetheschule
am Hansering.) Er stand neben dem Galgen- oder Galg-
tor, das 1819 abgerissen wurde, und diente der Beobach-
tung der Umgebung. Seine Mauern sind fast drei Meter
dick. Die welsche Haube mit den Dachfenstern und der
Laterne stammt von 1573. Seit Ende des 16. Jahrhunderts
dient er als Uhrturm.

Nickel Hoffmann

um 1510–1592, Steinmetz, Werkmeister, Bildhauer, Bauunternehmer. Hoffmann gehörte zu den bedeutendsten Baukünstlern seiner Zeit. In den 1530er Jahren am Bau des Schlosses Hartenfels in Torgau beteiligt, baute er ab 1542 an der Marktkirche in Halle. Seit 1550 war Hoffmann Bürger von Halle. Die Anlage des Stadtgottesackers, das Waagegebäude am Markt (1580), die Wölbung der Moritzkirche (1554–57), der Laubenzwischenbau (1558) und der Turm des Rathauses (1568) sind seine Werke in Halle. Damit prägte er das Renaissance-Bild von Halle entscheidend mit und war wegweisend für die Architektur in Sachsen.

38 | Stadtgottesacker

Auf Initiative Kardinal Albrechts ab 1529 angelegt und 1557–1590 durch Stadtbaumeister Nickel Hoffmann im Stile eines Campo Santo mit Grüften umgeben, gilt der Stadtgottesacker als schönster Renaissancefriedhof Deutschlands und bedeutendster nördlich der Alpen. Umgeben von hohen Mauern, umrahmen 94 Schwibbögen, angelegt nach italienischem Vorbild, zum Teil mit kunstvollen schmiedeeisernen Gittern, den Friedhof. Ehemalige Erweiterungen des 19. Jahrhunderts sind heute zum Stadtpark umgestaltet, und der Friedhof befindet sich wieder in seinen ehemaligen Mauern mit dem Torturm. Hier fanden bedeutende Hallenser ihre letzte Ruhestätte: Christian Thomasius (Bogen 10), Johann Justinus Gebauer und Carl August Schwetschke (Bogen 36), Friedrich Hoffmann (Bogen 47), Georg Friedrich Händels Eltern (Bogen 60), Johann Reinhold Forster (Bogen 61), August Hermann Francke und Johann Anastasius Freylinghausen (Bogen 80/81), Robert Franz (Innen, Abt. II). 1965 fand vorerst die letzte Beerdigung statt. Der annähernd 500 Jahre alte Gottesacker wurde seit 1991 umfangreich instand gesetzt. Seit 2001 können nun wieder erloschene Nutzungsrechte erneuert werden und Urnenbeisetzungen stattfinden.

Di–Fr 9–17 Uhr, Sa/So 10–18 Uhr

Zum Landesmuseum für Vorgeschichte in der Richard-Wagner-Straße 9 gelangt man mit der Straßenbahn Linie 7 (Richtung Kröllwitz, sieben Stationen). Es ist das erste Museumsgebäude für prähistorische Archäologie in Deutschland (errichtet 1911–1913) und gehört zu den größten Europas. Als Teil des Landesamtes für Denkmalpflege und Archäologie Sachsen-Anhalt beherbergt es eine der ältesten, umfangreichsten und bedeutendsten archäologischen Sammlungen in Deutschland.

Weltbekannt wurde es als Heimstatt der rund 3600 Jahre alten Himmelsscheibe von Nebra, des ältesten Zeugnisses europäischer Astronomiegeschichte. Sondengänger fanden im Sommer 1999 einen Bronzeschatz, den sie illegal ausgruben. Sie verkauften ihre Beute an Hehler und Händler. Im Jahr 2002 konnten die Basler Polizei, das Landeskriminalamt, das Kultusministerium und das Landesamt für Archäologie Sachsen-Anhalt den Fund sicherstellen. Seither gehören

Waldelefant von Gröbern

diese Schätze zu den Preziosen des Landesmuseums für Vorgeschichte. Seit 2008 ist die Himmelsscheibe in der Dauerausstellung des Museums zu sehen und lockt seither Besucher aus aller Welt. Zum umfangreichen Sammlungsbestand von mehr als 15 Millionen Funden gehören auch noch zahlreiche andere Stücke von weltweiter Bedeutung vom Beginn der Steinzeit bis zur Völkerwanderungszeit. Dabei versteht sich das Museum als moderner Erlebnisraum für alle Altersgruppen und richtet sich gleichermaßen an Fachleute und Laien. Die Dauerausstellung wird durch wechselnde Sonderausstellungen ergänzt, die Einblicke in aktuelle Forschungen geben.

Seit einigen Jahren gibt es, ausgehend vom Museum, das Projekt Himmelswege, das zu sensationellen archäologischen Entdeckungen führt. An fünf Stationen kann man in die Vorgeschichte Sachsen-Anhalts eintauchen, zurück in längst vergangene Jahrtausende auf den Himmelswegen in die Welt der Archäologie und Astronomie. Neben dem Landesmuseum für Vorgeschichte Halle gibt es folgende Stationen: das Besucherzentrum Arche Nebra, das Sonnenobservatorium Goseck, das Ringheiligtum Pömmelte und die Dolmengöttin Langeneichstädt (www.himmelswege.de).

40 | Burg Giebichenstein

Ostern–Okt.: Di–Fr 10–18 Uhr, Sa/So 10–19 Uhr

Zwei Stationen weiter stadtauswärts erreicht man die Burg Giebichenstein (Seebener Straße 1). Die idyllisch am Ufer der Saale gelegene, um 930 erbaute Alte Burg gehörte zum Grenzburgsystem König Heinrichs I. Aber schon weit vorher befand sich an dieser Stelle, hoch über dem hier schmalen Fluss, eine Kultstätte der Germanen. Die entscheidende Umgestaltung zum landesherrlichen Territorium des Erzbistums Magdeburg erfolgte im 12. Jahrhundert unter Erzbischof Wichmann (1152–1192). Im 16. Jahrhundert war die Burg Hauptresidenz der Magdeburger Kirchenfürsten. Schwedische Truppen brannten die Burg im Dreißigjährigen Krieg nieder; die Unterburg wurde bald wieder aufgebaut. Dort befindet sich seit 1921 die Hochschule für Kunst und Design Halle, international anerkannte Ausbildungsstätte für angewandte Kunst.

Im Freilichtmuseum (Teil des Stadtmuseums) in der Oberburg ist u. a. ein schöner Park zu besichtigen. Von hier aus genießt man einen einmaligen Blick über die Saale. Hier dichtete Joseph von Eichendorff in Erinnerung an seine Studentenzeit in Halle das »Giebichensteinlied«.

Joseph Freiherr von Eichendorff

1788–1857, romantischer Lyriker und Schriftsteller, Jurastudent in Halle 1805/06, später in Heidelberg, Berlin und Wien (bis 1812), Staatsdienst in Breslau, Danzig und Königsberg, ab 1831 in Berlin. Am bekanntesten ist seine Erzählung »Aus dem Leben eines Taugenichts«. In seiner Halle-Zeit verfasste er u. a. das Gedicht »Bei Halle«, bekannt als »Giebichensteinlied«: »Da steht eine Burg überm Tale / Und schaut in den Strom hinein, / Das ist die fröhliche Saale, / das ist der Giebichenstein. // Da hab ich so oft gestanden, / Es blühten Täler und Höhn, / Und seitdem in allen Landen / Sah ich nimmer die Welt so schön.«

Halle an einem Tag. Ein Stadtrundgang
Herausgegeben von Mark Lehmstedt

Text: Doris Mundus
Lektorat: Kristina Schulze/Lehmstedt Verlag
Karte: OpenStreetMap-Mitwirkende, geodressing.de
Fotos: Torsten Pape, außer: Andreas Präfcke (S. 13), Hajo Dietz/
Nürnberg Luftbild (S. 17), Oliver Wings/MLU-ZNS (S. 22),
Imanuel Navarro (S. 25), Thomas Meinicke (S. 34), Ingo Gottlieb
(S. 36), Stadt Halle (Saale)/T. Ziegler (S. 39), Juraj Lipták/Lan-
desamt für Denkmalpflege und Archäologie Sachsen-Anhalt
(S. 46), Verlagsarchiv
Gestaltung: Mareike Bardenhagen/Lehmstedt Verlag
Druck: druckhaus köthen GmbH & Co. KG, Köthen (Anhalt)

Umschlag:
1: Marktkirche
2: Händel-Denkmal
3: Stadtansicht von Matthäus Merian d. Ä., 1653
4: Märkerdenkmal und Pauluskirche, um 1910
5: Roter Turm
6: Wappenhalter am Jenaischen Fräuleinstift

Lehmstedt Verlag, Hainstr. 1, 04109 Leipzig
Mail: info@lehmstedt.de
© Lehmstedt Verlag, Leipzig
4. aktualisierte Auflage, 2026
ISBN 978-3-937146-57-7